ISBN 978-0-260-64094-9
PIBN 10961393

LÉON DE NORVELD,

OU

LE PRISONNIER DE STOCKOLM,

PIÈCE HISTORIQUE

EN TROIS ACTES ET A SPECTACLE,

Par M. AUDE, *Joseph*

Musique de MM. QUAISAIN et RENOT fils, Ballets de M. MILLOT.

Représentée, pour la première fois, à Paris, sur le Théâtre de l'Ambigu-Comique, le 7 Juin 1817.

PARIS,

Chez BARBA, Libraire, Palais-Royal, derrière le Théâtre Français, N°. 51.

De l'Imprimerie de HOCQUET, rue du Faubourg Montmartre, n°4.

1817.

PERSONNAGES.   ACTEURS.

Le Comte d'UMBERTAL. . . . . M. *Villeneuve*.

CLARA, sa fille. . . . . Mlle. *Charles*.

LÉON DE NORVELD, capitaine,
  amant de Clara. . . . . . . M. *Ernest*.

Le Baron DE VALNER, conseiller
  du Tribunal suprême. . . . . M. *Fresnoy*.

Mad. DURBEK, sœur du Comte
  d'Umbertal. . . . . Mme. *Fresnoy*.

MULSEN, geolier de la prison (*). M. *Raffile*.

CREPS, domestique de la maison. M. *Klein*.

MILDEN, officier, commandant du
  poste. . . . . M. *Christman*

FLIBERG, homme d'affaires de
  Valner . . . . M. *Caron*.

Un Officier. . . . . M. *Ballieste*.

FRITZ. . . . .

Deux Sentinelles . . . .

Vassaux du Comte, Soldats, Gardes, Habitans,
  Hommes et Femmes.

——————————————

La scène est à Stockolm; elle se passe, au 1er ac
dans le palais d'Umbertal; au 2e., dans une
son; au 3e., sur une place publique.

——————————————

Ce rôle doit être jargoné en allemand.

LÉON DE NORVELD,

ou

LE PRISONNIER DE STOCKOLM,

Pièce historique, en trois actes.

~~~~~~

ACTE PREMIER.

Le Théâtre représente un salon richement orné.

SCENE PREMIERE.

REPS , *dirigeant les préparatifs d'une fête.* FRITZ ; autres
Domestiques et Ouvriers qui les secondent, *transportant des
vases, guirlandes et décorations qu'ils vont mettre en place.*

CREPS.

Entendons-nous, point de confusion. (*Aux uns.*) Ces glaces
ns le salon bleu. (*Aux autres.*) Les vases, les flambeaux dans
pavillon ; alerte ! alerte ! et ne cassons rien ; ça va faire un coup-
eil superbe !

SCENE II.

Les Mêmes, Mad. DURBEK.

MAD. DURBEK.

h bien ! sommes-nous prêts ? avancez-vous ?

CREPS, *l'air occupé.*

h ! de grâce, madame Durbek , ne nous faites pas reculer ; je
l'ordonnateur de la fête : en toutes choses il ne faut qu'un chef ;
nd tout le monde s'en mêle, rien ne va.

MAD. DURBEK.

e bel ordonnateur ! les lustres ne sont pas encore placés ?

CREPS.

ladame me permettra bien de lui observer qu'on n'allume pas
 le jour.

MAD. DURBEK.

on , mais on prépare pour le soir, raisonneur.

CREPS.

Laissez-donc faire, je vous en prie ; vous connaissez dans m... personne la capacité d'un jeune homme expéditif ; nous savons... que c'est que de fêter à l'improviste le jour de la naissance d'... maître. M. le Comte d'Umbertal, votre bon frère, va av... aujourd'hui pour la sienne, une surprise qui comptera. Tenez... regardez seulement ce rideau à fleurs d'or ; eh bien, c'est... changement de mécanique à vue, au moment de la présentati... des bouquets à M. le Comte ; ça va s'ouvrir à volonté comm... une décoration de spectacle ; et sitôt que M. le Comte sera rent... je fais jouer une musique de possédé.

MAD. DURBEK.

Et les danses, le ballet ?

CREPS.

Ne soyez pas en peine ; mes artistes sont là ; les valets-d... chambre sont mes premiers danseurs, les valets-de-pied... seconds, les femmes de madame, les figurantes, et les vassaux... monsieur, le corps du ballet ; ils vont partir à mon premier sign... je suis sûr du coup ; j'ai fait sauter ça depuis quatre heures... matin ; ils iront comme un opéra.

MAD. DURBECK, *se retournant pour rire.*

C'est ce que nous verrons.

SCENE III.

Les Mêmes, FRITZ et Ouvriers.

CREPS.

Fritz, tu placeras ces guirlandes de fleurs au-dessus de la sa... à manger.

MAD. DURBEK.

Point du tout, il ne faut pas que mon frère, en rentrant, ... doute des préparatifs (*à Fritz.*), il n'y aurait plus de surpr... Emportez, emportez.   (*Il sort avec ses compagnons.*)

SCENE IV.

Mad. DURBEK, CREPS.

CREPS.

Comment, vous voulez... allons, ordonnez, je ne me m... plus de rien, ça ira comme ça pourra.

MAD. DURBEK.

Je puis vous faire une observation, j'espère ?

CREPS.

Mon dieu, madame, je sais ben que vous êtes la maîtress... ea ; mais permettez-moi de vous dire que vous en avez... us de cinquante depuis ce matin, et c'est ce qui nous retar...

ans ça tout serait déjà prêt ; vous parlez, vous parlez, et vous n'en finissez jamais.

MAD. DURBEK.

Inpertinent !

CREPS.

Ah ! pardon, madame, ça m'est échappé malgré moi.

MAD. DURBEK.

Je n'en finis jamais !

CREPS.

Pardonnez-moi, madame ; là-dessus j'ai tort. Vous finissez, nais vous recommencez tout de suite.

MAD. DURBEK.

Soyez plus circonspect envers la sœur de votre maître ; votre implicité, vos services, peuvent faire excuser des licences dont out autre serait puni à l'instant.

CREPS, *confus.*

Ah ! madame... je me souviendrai...

MAD. DURBECK.

Finissons... les lettres d'invitation sont-elles prêtes ?

CREPS.

D'hier au soir, par votre serviteur, en personne.

MAD. DURBECK.

Le Baron de Valner a-t-il reçu la sienne ?

CREPS.

M. le Conseiller Valner ? oui, sans doute, je la lui ai remise à main propre... il viendra à la fête ; il n'y a précisément pas e tribunal aujourd'hui. A propos, j'oubliais de dire à madame ʼil avait un air plus triste et plus sournois que de coutume.

MAD. DURBECK.

Cela n'est pas étonnant ; la cour, dont il est membre, est occupée une affaire si terrible !..

CREPS.

Ah ! oui, de ce meurtre qui a été commis, il y a quelques jours, trois mille de Stockolm, sur la personne du Comte Adolphe ? n'est bruit que de ça dans la ville. Dit-on quel est le meurtrier ?

MAD. DURBEK.

Non ; les séances sont secrètes.

CREPS.

Ce pauvre Comte Adolphe, un des princes de la cour, ass é à l'entrée d'un bois ! heureusement encore qu'il n'a pas lé.

MAD. DURBEK, *haussant les épaules.*

uel propos !

CREPS.

Ce ne peut-être qu'un coup de vindication. C'est égal, ça

toujours frémir le cœur d'un homme de sentiment ; faut-il qu'il y ait des humains si barbares que çà dans le monde !

MAD. DURBEK.

En voilà assez.

CREPS.

Madame a raison ; c'est des récits qui ne vont pas le jour d'une fête, et je pourrais ben dire de deux, car la même servira pour l'anniversaire de M. le Comte, et pour M. le Capitaine Léon, qui, après si long-tems, arrive aujourd'hui de l'armée. Sa lettre le dit.

MAD. DURBEK.

Oui, sa lettre le dit ; occupe-toi de tes affaires.

CREPS.

Il arrive à point nommé, çà va redoubler la réjouissance de M. le Comte, qui l'a élevé, qui le regarde comme son propre fils.

MAD. DURBEK.

Qu'est-ce que c'est ?

CREPS.

M. Léon ne lui a-t-il pas sauvé la vie à Norfeld ? n'est-il pas de grande naissance, quoiqu'orphelin de père et de mère ?

MAD. DURBEK.

Qui vous demande ses qualités ?

CREPS.

Hum !.. M. le Conseiller Valner ne verra peut-être pas son retour avec plaisir.

MAD. DURBEK.

Pourquoi cela ?

CREPS.

C'est qu'il y en a un des deux qui sera le gendre de M. le Comte ; et je crois ben deviner celui que Mlle. Clara choisira.

MAD. DURBEK.

Et ce ne serait pas M. le Baron de Valner ?

CREPS.

Madame... je ne dis pas çà ; M. le Baron est un juge de capacité, il n'est pas mal de physionomie ; mais il n'est pas comme l'autre, M. Léon est tourné dans la perfection, il a les yeux et les cheveux de la même couleur que moi ; qui voit ma taille voit la sienne ; il est moulé, quoi ! et je crois, madame, qu'à votre place...

MAD. DURBEK.

Vous êtes un sot.

CREPS.

Çà peut être ; mais en suis-je t'y punissable ? ce n'est pas moi qui me suis formé.

MAD. DURBEK.

Vous vous émancipez aujourd'hui.

CREPS.

Non, madame, je l'ai été l'an passé ; je suis majeur.

MAD. DURBEK.

Allez terminer vos apprêts ; laissez-moi.

CREPS, *en s'en allant.*

Elle est pour la robe, on voit ben ça, mais M. le Comte est pour l'épé. (*fausse sortie.*) le v'là qui rentre, j'en suis sûr.

SCENE V.

Les Mêmes, CLARA.

CLARA.

Ah! ma tante, voici mon père!

MAD. DURBEK, *à Creps.*

Eh bien, tu entends : tout est-il disposé ?

CREPS.

Donnez les ordres: çà part comme un trait, faut-il commencer tout de suite ?

CLARA.

Non, pas encore; j'avertirai quand il en sera tems.

CREPS.

Tenez, mademoiselle Clara, sans faire semblant de rien, sans sortir dici, vous n'avez qu'à tirer ce cordon. (*il le lui montre.*)

CLARA.

Je sais, je sais.

CREPS.

Crac, vous diriez d'un nouveau local.

CLARA.

Je suis très-contente de ces préparatifs.

CREPS.

Il n'y avait que moi, je vous dis.

MAD. DURBEK.

J'entends mon frère !

CLARA.

A ton poste.

SCENE VI.

Les Mêmes, D'UMBERTAL, Mad. DURBEK, CLARA, Livrée du Comte qui l'accompagne , *et se retire par la porte du fond.*

LE COMTE.

Comment ! depuis ma rentrée, des symphonies surtout , dans es salons, dans les jardins, et pas un musicien visible !.. d'où partent donc tous ces accords , et à quel sujet ?.

MAD. DURBEK.

Avez-vous parcouru le calendrier, M. le Comte ?

LE COMTE.

Pourquoi cette singulière demande ?

CLARA.

Croyez-vous qu'on ait oublié l'heureux jour de votre naissance?

LE COMTE.

Ah ! j'y suis… chère enfant ! (*Clara court dans les bras de so*
père.)

MAD. DURBEK.

A mon tour, mon frère, si vous voulez bien.

LE COMTE, *l'embrassant.*

De tout mon cœur !

MAD. DURBEK.

Vivez encore cinquante ans, pour rendre votre fille heureus
Le vœu de sa défunte mère fut toujours le mien ; donnez-lui
époux digne de son rang.

LE COMTE.

J'estime et j'aime assez ma fille pour la laisser maîtresse de s
choix.

CLARA.

Mon père, c'est à vous seul à le diriger.

MAD. DURBEK.

C'est parler fort sagement , et avec beaucoup plus de prude
que vous. (*au Comte*) C'est à l'expérience à choisir pour une jeu
personne de sa qualité.

LE COMTE, à *Clara.*

Eh ! bien , nous choisirons ensemble. (à *madame Durbek.*)
sœur, vous avez raison.

MAD. DURBEK.

Je croyais qu'il vous fallait absolument un homme de gue
pour gendre.

LE COMTE.

J'honore la vertu dans tous les états.

MAD. DURBEK, *avec ironie.*

Mais par-dessus tout , les hauts-faits d'armes, les beaux explo

LE COMTE.

Me feriez-vous un reproche d'aimer la gloire ?

MAD. DURBEK.

Où la place-t-on quelquefois ?...

LE COMTE.

Honorons l'état militaire. Léon de Norveld est officier, n'est-
pas , ma fille ?

CLARA.

Oui, mon père... il n'arrive point !

MAD. DURBEK.

Et c'est-là ce qui t'inquiète ?

LE COMTE.

C'est tout simple ; nous l'aimons tous, Clara lui doit son p
C'est son dévouement qui m'a sauvé la vie, à la bataille de Norf
il est bien digne de son origine !

MAD. DURBEK.

Cette origine est un peu nouvelle.

LE COMTE.

Sa vertu la rend bien ancienne.

mad. DURBECK.

Je n'en disconviens pas, M. le Comte ; mais chacun à sa place.

LE COMTE, *frappant sur son cœur.*

La sienne est là.

mad. DURBEK.

C'est fort bien : vous sortez toujours de la question ; nous parlons purement ici de familles , d'aïeux. Les siens sont fort estimables ; mais ce n'est pas un d'Umbertal ! un baron de Valner !

LE COMTE.

Oui , Valner est d'une classe...

mad. DURBECK

Elevée, très-élevée ! l'une des plus illustres de la Suède.. Baron du royaume , juge d'une cour souveraine... voilà des alliances , des partis sortables !

LE COMTE.

Ne nous occupons pas de partis le jour de ma fête ; ma fille ne veut s'occuper que de moi.

CLARA.

Vous connaissez bien mon cœur.

LE COMTE.

Je crois entendre une voiture.

mad. DURBERK.

Il en viendra plus d'une aujourd'hui.

CLARA.

Si c'était Léon !

LE COMTE.

Il ne peut tarder ; le jour de son arrivée est précis ; sa lettre l'annonce : c'est aujourd'hui ; et il est exact.

SCENE VII.

Les Mêmes, UN VALET *en grande livrée.*

LE VALET, *annonçant.*

M. le Baron de Valner.

LE COMTE.

Ma foi! au moment même nous parlions de lui.

mad. DURBERK.

Je ne vois rien là d'étonnant. Le Baron de Valner n'a jamais oublié l'anniversaire de votre naissance.

LE COMTE.

C'est vrai, ma sœur. (*au valet*) Faites donc entrer.

SCENE VIII.

Les Mêmes, FLIBERG, Homme d'Affaires de Valner.

mad. DURBECK, *à Fliberg.*

Voilà son secrétaire... Bonjour, M. Fliberg... où est le Baron ?

Léon de Norveld.   B.

FLIBERG.

Il va bientôt avec l'honneur de vous présenter ses hommages.

LE COMTE.

Nous l'attendons avec impatience.

MAD. DURBECK.

Il est libre aujourd'hui ; il n'y a point de séance au tribunal.

FLIBERG.

Sa première visite est pour Madame et pour M le Comte. Il m'a chargé de le précéder pour vous annoncer...l'état de langueur, je dirais presque, d'aliénation où il se trouve : il espère que vous voudrez bien excuser...

LE COMTE.

Eh! bon dieu, il n'en peut douter ; mais quelle est donc la cause

FLIBERG.

Les fonctions de son ministère l'accablent.

LE COMTE.

Ah! je conçois ; on juge demain le meurtrier du comte Adolph

MAD. DURBEK.

On donne à ses devoirs le tems convenable ; on doit le reste à amis.

LE COMTE.

Ma sœur a raison. Il faut quelques délassemens à l'hom public.

MAD. DURBEK.

Oh! nous allons le distraire aujourd'hui de ses pénibles occu tions. Il va venir ?

FLIBERG.

A l'instant même.

MAD. DURBEK.

Fort bien. (*à Clara.*) Ma nièce, allez donner le signal ; que fête commence à son arrivée.

CLARA, *hésitant.*

Mais, ma tante, ce devait être un peu plus tard.

MAD. DURBEK.

Allez donc, allez.

LE COMTE.

Tu sors, Clara ?

CLARA.

Pour un instant, mon père. (*Elle l'embrasse, et sort.*)

MAD. DURBECK.

Mon frère, j'ai besoin de vous.

LE COMTE.

Pourquoi ?

MAD. DURBECK.

J'ai à vous parler. Voulez-vous bien permettre(*Elle le pr par le bras, et l'emmène.*)

LE COMTE, *souriant.*

Ah! c'est le jour mystérieux !

MAD. DURBECK.

Fliberg, attendez le baron.

FLIBERG.

Oui, madame.

MAD. DURBECK.

Venez-vous, mon frère?

LE COMTE.

Oui, ma sœur; aujourd'hui, je ferai tout ce que vous voudrez.

(*Ils sortent.*)

SCENE IX.

FLIBERG, *seul.*

Ce jour de fête arrive mal-à-propos! sans lui, le trop faible baron de Valner ne serait pas sorti et n'aurait pas montré le trouble qui l'agite et l'effroi qui le poursuit!... Habitué à venir chaque année féliciter monsieur le comte, il a craint que son absence ne fut remarquée... Le moindre soupçon serait dangereux... Le voilà!

SCENE X.

FLIBERG, le Baron DE VALNER, *avec précipitation.*

VALNER.

Pourquoi ne m'avez-vous pas attendu?

FLIBERG.

Vous m'avez ordonné de vous annoncer.

VALNER.

Non.

FLIBERG.

Je craignais... que la situation où vous êtes...

VALNER.

Oui, oui, vous devez tout craindre.

FLIBERG.

Allez-vous m'accuser encore?...

VALNER.

Ah! je ne saurais vous faire de reproches trop cruels!

FLIBERG.

Il ne vous reste plus qu'à me traduire devant le tribunal dont vous êtes membre, pour avoir trop bien secondé votre vengeance.

VALNER, *égaré.*

Fureur de l'ambition, voilà tes funestes effets!

FLIBERG.

Est-ce bien vous que j'entends? vous, qui m'avez armé pour vos droits! dont le comte Adolphe avait résolu la perte à la Cour de Stockolm! vous, qu'il a voulu déshonorer!

VALNER.

L'a-t-il osé ?

FLIBERG.

Quoi ! vous me demandez ici ce que vous m'avez appris vous-même ! et quand je vous ai délivré de ce mortel ennemi, quand l'ombre et le silence couvrent sa mort !...

VALNER.

L'ombre et le silence, dis-tu ?... tes regards, les miens, ton trouble, mon égarement parlent !

FLIBERG.

Homme injuste ou faible ! faites donc conduire au supplice l'agent fidèle qui vous a servi.

VALNER.

Au supplice ! on y va bientôt traîner l'innocent... à ta place... à la mienne !..

FLIBERG, *tremblant.*

Silence ! on vient... De grace, calmez-vous.

SCENE XI.

Les Mêmes, LE COMTE, Mad. DURBEK, CLARA.

Mad. DURBEK.

Ah ! le voilà, le voilà, notre cher baron !

LE COMTE.

Eh ! bon jour, M. de Valner.

VALNER.

Mesdames.... mon respectable ami !.....

LE COMTE.

Vous me paraissez bien ému ?

Mad. DURBEK.

Seriez-vous indisposé ?

VALNER, *embarrassé.*

Non..... madame.... une légère altération.... mais rien n'a pu m'empêcher de vous renouveller aujourd'hui une visite que l'époque la plus chère me commande tous les ans.

LE COMTE, *lui prenant la main.*

Trop de bonté, mon cher !... il ne fallait point.... dans cet état, ...

Mad. DURBEK.

Un fauteuil à M. le conseiller.

CLARA, *rapprochant.*

Monsieur le baron...

VALNER.

Mille graces, belle Clara !

Mad. DURBEK, *à Fliberg.*

Vous avez bien fait de nous prévenir la situation où il se trouve... D'où provient cette agitation ?

FLIBERG.

Monsieur le baron ressent depuis quelques jours un trouble...,
un mal-aise extraordinaire.

MAD. DURBEK.

Ah ! j'en devine aisément la cause. Il gémit sur le désastre du
omte Adolphe, comme sur la perte d'un ami; et tout le monde
ait cependant qu'il était son ennemi mortel, qu'il avait tramé sa
isgrace à la cour, juré sa ruine totale.

VALNER.

De grace, ne renouvellez pas mes tourmens ! ,

MAD. DURBEK.

Il est d'une générosité !....

LE COMTE.

L'exercice de vos fonctions....

VALNER.

N'en parlez point; je vous en conjure: c'est altérer les plaisirs
'un si beau jour.

LE COMTE.

Vous venez les accroître....

MAD. DURBEK.

En les partageant avec nous.

VALNER, à part.

Je suis indigne d'y participer.

FLIBERG.

Contraignez-vous du moins.

MAD. DURBEK.

Allons, soyez tout entier à nous. Il vous faut du repos, des
istractions, de joyeux amis.

VALNER, les désignant,

Voici mes plus chers !

SCENE XII.

es Mêmes, CREPS, *bien paré, un gros bouquet à sa boutonnière*

CREPS, *évitant d'être vu.*

Mademoiselle Clara ! mademoiselle Clara !

LE COMTE, *l'appercevant le premier.*

Qu'est-ce que c'est?

CREPS.

Rien du tout; c'est moi, monseigneur.

LE COMTE.

Que demande-t-il ?

CREPS.

Madame sait bien de quoi il retourne.

MAD. DURBEK.

J'y vais.

LE COMTE.

Où donc?

CLARA.

Ce sont des visites qui nous arrivent.

LE COMTE, *riant.*

Ah! oui; c'est le grand jour!

VALNER.

Que n'ai-je le bonheur d'en jouir!

MAD. DURBEK.

J'espère bien que vous ne nous quittez pas, et que je vais vous
retrouver ici.

VALNER.

Madame!....

MAD. DURBEK.

J'y compte.

LE COMTE.

Allez, ma sœur, je vous en réponds (*à Valner*) Oh! vous
bien gardé. (*Madame Durbek sort.*

VALNER.

Heureux père!

SCENE XIII.

LE COMTE, VALNER, CLARA, FLIBERG, CREPS.

CREPS, *reparaissant en secret et s'avançant du côté de Clara.*

Hum! hum!.... St! st!.... le cordon. (*Clara se retourne
fait signe de se retirer.*) Madame ordonne de commencer.

LE COMTE, *l'appercevant de nouveau.*

Que veut-il encore?

CREPS, *allant au ressort.*

C'est ce que monseigneur va voir.

LE COMTE, *à Valner, en riant.*

C'est toujours mon original!

(Clara court au cordon qui opère le changement. Surprise du com
manifeste avec expression. Le fonds du théâtre s'ouvre; on voit un p
décoré dans lequel sont des strades couvertes de fleurs; des guirlande
suspendues sur la plus élevée, où se trouve le fauteuil du comte. De
sont préparés à l'entour pour sa famille. A l'instant même du chang
air de marche exécuté par les assistans invités, qui étaient placés d'avance
des strades. Ils viennent avec ordre auprès du comte, avec des offran
verses. Madame Durbek présente la main à son frère qui va joyeuseme
devant d'eux, leur rend grâce, est conduit par sa sœur et par sa fille
teuil préparé; ils y est arrivé entre les deux files des assistans, dans le
mouvemens de leur marche. Clara, madame Durbek et autres per
importans, ont pris place sur des gradins, auprès du comte, excepté
de Valner qui reste agité à l'un des côtés du théâtre, malgré les instanc
lui fait d'approcher du lieu de la scène. Jeu pantomime de ce ban
son agent Fliberg, qui l'invite à cacher son émotion. — Ballet, d'al
rieux et noble; ensuite comique et grotesque, exécuté comme il es
dans le dialogue, par les gens de la maison; grande livrée, femmes de c

... mière, etc. —Une autre partie se compose de villageois et de leurs jeunes
compagnes, vassaux du comte ; ils paraissent les derniers. Cette partie est la
dernière de ce divertissement. Après leurs danses, ils arrivent aux strades du
comte pour lui faire agréer leurs présens. Creps, qui est entré à leur tête, les
précède encore et devient leur interprète auprès de leur seigneur.)

CREPS, *au milieu d'eux, burlesquement grave et en habit de
cérémonie.*

« Monseigneur,

» Les vassaux de vos terres , châteaux, parcs et domaines réunis,
» voulant vous définir au plus juste , dans ce grand jour , les sen-
» timens expensifs de commotion respectueuse dont ils sont pé-
» nétrés en masse pour la célébration de l'anniversaire de votre
» Excellence; ces villageois et sujets ingénus, n'étant pas assez
» hardis, et s'estimant trop bornés, monseigneur, pour vous expri-
» mer tout ça, n'ont pas cru mieux faire que de me nommer
» *ad hoc* et de me choisir *subito* pour être l'organe sensible de
» l'exposition paternelle et champêtre de leur fidélité respective
» pour leur très-honoré maître et seigneur, pour qui..... »

LE COMTE.

En voilà assez ; je les remercie de leur attention.

CREPS.

Mais, monseigneur, je n'en suis pas à la moitié.

MAD. DURBEK.

C'est bon ! on te tient quitte du reste : il faut continuer les
danses.

CREPS, *fâché.*

Ils me font manquer le plus beau !

(Final du Ballet. Ce divertissement est interrompu par un des laquais du comte,
qui vient annoncer.)

SCENE XIV.

Les Mêmes, UN VALET du COMTE, un Courrier.

LE COMTE *descend au bas de la scène, on le suit, on court à ses
côtés.*

Quel est ce bruit ?

VALNER, *à Fliberg, qui cherche à l'affermir.*

Laisse-moi, te dis-je.

FLIBERG.

Avez-vous résolu votre perte ?

VALNER.

C'est toi, toi seul, qui m'as perdu !

LE VALET, *lui présentant une lettre.*

Une lettre importante pour son excellence.

LE COMTE.

Pour moi ? Voyons. (*Il brise le cachet*) Oh ! oh ! Ces caractères
me sont connus !

CLARA.

Mon père !

MAD. DURBEK.

Faites nous en part.

LE COMTE *hésite d'abord un moment et lit.*

Ecoutez, écoutez. (*Il lit.*) « Monsieur le comte, l'impatience
» de vous revoir me fait quitter précipitamment la Finlande.
» Pour être plutôt dans vos bras; je pars seul et franchis en p
» de jours un espace immense : j'arrive à trois mille de Stockolm.
» Traversant au milieu de la nuit l'épaisse forêt de Volna, j'en-
» tends des cris plaintifs, de longs gémissemens; je me dirige
» vers l'endroit d'où ils partent, j'y vois un homme assassiné. Il
» pousse un dernier cri, me tend une main défaillante ; je lui
» prodigue mes secours : mais en vain ; il expire dans mes bras;
» son sang rejaillit sur moi, mes vêtemens en sont couverts. Des
» cavaliers armés paraissent : on me saisit dans cet état, je suis
» chargé de fers, traîné cette nuit même au fond d'un cachot où
» je languis depuis neuf jours entiers. C'est à la compassion d'
» geolier que je dois l'espoir de vous faire parvenir ce billet : je
» suis jugé demain. On vient... je crains d'être surpris..... Adieu,
» adieu, mon bienfaiteur.   LÉON DE NORVELD. »

CRI GÉNÉRAL.

O ciel !

VALNER, *qui écoute avec une terreur profonde, se lève en poussant*
un cri à la fin de la lettre, et dit:

Ah! puis-je supporter leur vue!... sortons.

FLIBERG , *le retenant.*

Contenez-vous, monsieur le baron.

CLARA, *dans un désordre affreux.*

Léon!... il est accusé !

LE COMTE.

Léon !

MAD. DURBEK.

Un assassinat !

CLARA, *tombant évanouie sur un fauteuil.*

C'est impossible !.... ô mon père !

LE COMTE, *allarmé, la soutenant à peine.*

Clara !... ma fille !... accourez tous... elle expire d'effroi !

(*Consternation de tous, exprimée par des attitudes frappantes,*
tableau général.)

Fin du Premier Acte.

ACTE II.

Le Théâtre représente une prison.

SCENE PREMIERE.

LE GEOLIER, CREPS, *sur le devant du théâtre, tenant un panier rempli de provisions*, Archers du Palais, un Sous-Officier. (*Il fait nuit.*)

(Les Archers viennent de reconduire, du tribunal à l'un des cachots de la prison, l'accusé Léon ; dans leur marche de sortie, et au moment même de le quitter, ils aperçoivent Creps, tapi dans un coin de la première voûte.

L'OFFICIER, *au geolier, en montrant Creps.*

Que fait ici cet homme-là?

CREPS.

Monsieur, j'y suis de bon droit ; j'en ai la permission bien signée du magistat.

L'OFFICIER.

Où est-elle?

CREPS.

La voilà : le geolier en a pris lecture.

LE GEOLIER.

Il est autorisé : il apporte des provisions au nouveau prisonnier.

L'OFFICIER.

C'est bon (*au archers*), en avant, marche!

SCENE II.

LE GEOLIER, CREPS, *les regardant sortir.*

CREPS.

Oui, va-t-en... il a l'air d'un Turc! c'est cependant un militaire gradé ; eh bien, vous qui n'êtes qu'un guichetier, ce n'est pas pour vous flatter, mais vous avez la figure encore moins sauvage que lui.

LE GEOLIER.

Pose-là ton panier et va-t-en.

CREPS.

Que je m'en aille ! il faut bien qu'auparavant je voye le prisonnier.

LE GEOLIER.

Impossible !.c'est l'ordre.

Léon de Norveld.

C

CREPS.

J'ai un ordre aussi à remplir, moi; je dois, je peux lui parler. Voyez le permis.

LE GEOLIER.

Il est au secret.

CREPS.

C'est ça même, il faut que je lui parle en secret. Vous n'avez donc pas bien lu le papier? (*Il le lui présente.*)

LE GEOLIER, *lisant.*

Comment, pas bien lu! « Par expresse licence du référendaire » criminel, etc. etc.... ou laissera parvenir au prévenu Léon de » Norveld, les alimens qui lui seront, etc. etc.... Signé DRINK. » — Eh bien, donne; ils vont lui être portés. (*Il veut lui ôter le panier.*)

CREPS, *s'y opposant.*

Laissez donc, il y a encore de l'écriture en dessous: achevez le restant, après la signature.

LE GEOLIER, *remettant ses lunettes et continuant.*

Ah! ah! (*il marmotte*) « Laissez communiquer avec l'accusé » Léon de Norveld, le nommé Creps. »

CREPS.

C'est votre serviteur.

LE GEOLIER, *lisant*

» Au service de la maison d'Umbertal.

CREPS.

Rien que ça.

LE GEOLIER.

C'est différent; tu vas le voir.

CREPS.

Il n'y a pas que moi qui aura ce bonheur?

LE GEOLIER.

Tu appelles cela un bonheur?

CREPS.

Mon maître ne tardera pas.

LE GEOLIER.

Voir un malheureux qui n'a pas vingt-quatre heures à vivre!

CREPS.

Que dites-vous donc là? vingt-quatre heures! j'ai donc apporté trop de vin. Çà me fend le cœur! demain c'est fini?

LE GEOLIER.

Oh! d'après tout ce que j'entends, c'est bien son dernier jour. Il ne reparaîtra plus au tribunal que pour entendre sa sentence. On viendra le chercher bientôt.

CREPS.

Mais il faut bien qu'il dîne avant. Faites-le donc venir tout de suite, afin qu'il ait le temps de prendre son nécessaire. V'là de quoi, du fruit superbe! (*Il en offre un au geôlier.*) Voulez-vous vous rafraîchir?

LE GEOLIER.

Çà ne fait pas de mal.

CREPS, *en mange un autre en parlant.*

Oh! nous pouvons ben en goûter, il y en a. Pauvre cher homme! il n'aura pas le temps de consumer tout ça. (*Il retire les objets du panier.*)

LE GEOLIER.

Le drôle de corps que ce domestique! il me fait rire en dépit de moi-même, et je ne fus jamais tant affecté de la situation d'un coupable!... Celui-ci a cependant bien mérité son sort!... c'est égal, je ne puis pas le regarder sans une certaine émotion!... sa douceur, sa jeunesse, le calme qu'il a sur son front.......

CREPS.

Allez donc vite.

LE GEOLIER.

A l'instant.

CREPS.

Attendez donc, M. le geolier, attendez que j'arrange ce qu'il faut. C'est un jeune homme de famille, ç'a ne mange pas comme nous sur le pouce: j'y vas mettre un bout de couvert, ç'a flatte toujours un petit brin l'œil.

LE GEOLIER.

Comme ce garçon est borné! (*il rit malgré lui*) on ne s'attend pas à ces choses-là.... Je ris d'un œil et je pleurs de l'autre.

CREPS.

A présent vous pouvez aller.

LR GEOLIER.

Oui, je le peux sans manquer au devoir: voilà le permis, l'ordre de le tenir au secret est levé. On a bien fait d'accorder à ce malheureux cette dernière consolation. Je suis véritablement désolé.

CREPS.

Va-t-il venir enfin?

LE GEOLIER.

Oui; on venait de le ramener à l'instant de la séance du matin; il était bon de le laisser un peu remettre. Dites-moi..... a-t-il une mère, une sœur?

CREPS.

Pourquoi me demandez-vous ça?

LE GEOLIER.

C'est que, depuis qu'il est ici, il baise toujours, avec les larmes aux yeux, une médaille qu'il porte là, sur le cœur, en appelant sans cesse: Clara! Clara! Clara!

OREPS.

Mlle Clara!... ah! Monsieur, c'est bien un ange sur terre, s'il y en a un de féminin dans le monde!..... pauvre Léon! comment il l'appelle?

LE GEOLIER.

A tout moment... sa voix me pénètre jusques au fond de l'âme

CREPS.

Eh bien! cette Clara, c'est sa maîtresse et puis la mienne.

LE GEOLIER.

C'est une maîtresse à vous deux! à M. Léon et à toi aussi?

CREPS.

Oui; moi, j'en suis le domestique, et lui l'amant, le prétendu; mais à présent....

LE GEOLIER.

De plus fort en plus fort; toujours une nouvelle bêtise. (Il rit.)

CREPS.

Allez donc, allez donc; voulez-vous laisser dépérir un infortuné?

LE GEOLIER.

Au contraire, je voudrais bien qu'il fût sauvé; mais pas possible, pas possible!.... il est perdu!.... Je ne le plaindrais pas davantage s'il était mon frère. (Il essuye ses yeux, et dit d'un accent douloureux:) Je vas le chercher.

CREPS, achevant son placement.

V'là tout préparé.

SCENE III.

CREPS, seul.

Je mets le dessert avec le pâté; c'est comme une espèce d'ambigu du matin: il ne faut pas plus de cérémonie. On peut hardiment servir comme ça un maître en prison. (Bruit des verroux.)

SCENE IV.

LÉON, sortant d'un cachot du fond du théâtre, à gauche; LE GEOLIER, près de lui; CREPS, sur le devant de la scène.

CREPS.

Le voila! le voilà!

LE GEOLIER.

C'est un homme envoyé par la famille d'Umbertal.

LÉON.

D'Umbertal! ô Providence! (au geolier.) J'ai déjà éprouvé la bonté de vos soins; ils ne resteront pas sans récompense.

LE GEOLIER.

Je ne demande rien.

CREPS.

J'ai comme un tremblement dans tout le corps!

LÉON, au geolier.

Permettez-moi quelques minutes d'entretien particulier avec cet homme.

LE GEOLIER.

L'ordre que j'ai dans les mains vous l'accorde, parlez, parlez;

vas faire une tournée dans mes corridors; profitez du temps,
êpêchez-vous.

LÉON.

Quelques instans me suffiront.... Que j'ai de grâces à vous
endre !

SCENE V

LÉON, CREPS.

CREPS.

M. le Chevalier.

LÉON.

C'est toi, Creps !

CREPS.

Oui, mon capitaine ,... je vous apporte.....

LÉON.

Le Comte a reçu ma lettre ?

CREPS.

Elle a été un coup de foudre pour la famille.

LÉON.

Quelle est la situation de Clara ?

CREPS.

Pire que la vôtre ; elle a passé la nuit dans les transes.

LÉON

Voilà le plus affreux de mes tourmens !

CREPS.

Toute la maison a été en l'air.... Monseigneur a fait des vi-
tes jusqu'au soir , dans tous les quartiers de Stockolm.... Per-
onne ne s'est couché ... excepté moi.

LÉON.

Verrai-je le Comte ?

CREPS.

On a des permissions pour ça; vous ne tarderez pas à le voir.
. le baron de Valner voudrait bien aussi l'accompagner.

LÉON.

Que dis-tu ? c'est un de mes juges !

CREPS.

C'est ce qui me faisait trembler !... Un rival est bien dangereux
elquefois !

LÉON.

Un rival !

CREPS.

Depuis votre absence , il n'y a plus que lui sur les rangs; mais
a eu beau agir et faire agir en dessous , pour avoir la main de
ra....

LÉON.

Ah! ah, ces bruits qui m'étaient vaguement parvenus, avaient
elque fondement : ils sont confirmés !

CREPS.

Comment, confirmés ?

LÉON.

Fille céleste ! j'étais auprès de toi; j'étais à deux lieues d
Stockolm , et la fatalité enchaîne mes pas !

CREPS.

Il faut être juste, cependant ; M. de Valner est désolé de votr
accident , on dit que c'est le seul du tribunal qui soit pour vous.

LÉON.

Oui, ses regards , son émotion , et le peu de mots qu'il a pro-
férés dans ces désastreuses séances, m'ont fait présumer son in-
tégrité; mais puis-je y croire pleinement. quand pour me ravir
une main qui m'est promise , il profite des trois campagnes que
je viens de consacrer à mon Roi . . . .

CREPS.

Ça n'empêche pas, je dis la vérité; il est inquiet sur votre sort,
autant que nous. En voici une nouvelle preuve : il a passé une
heure ou deux avec les officiers de votre régiment , qui sont arri-
vés à Stockolm , et qui viennent de Finlande comme vous. Eh
bien, demandez-leur s'il n'est pas accablé comme eux de votre
malheur ?

LÉON.

Ces officiers....

CREPS.

Ont causé avec lui long-temps ; ils sont consternés comme lui;
ils n'ont qu'une voix sur votre compte , c'est qu'un homme de
distinction comme vous ne mérite pas ce traitement.

LÉON.

- C'est uneiniquité du destin !

CREPS.

Il ne peuvent pas se le figurer... ils veulent vous voir.

LÉON.

Recevoir mes compagnons d'armes dans les cachots des crimi-
nels ! fut-il jamais un sort pareil !

CREPS

Ce n'est pas à vous qu'on doit recommander le courage , M. le
capitaine! excusez un domestique affidé. J'ai apporté de quoi vous
soutenir.... prenez quelque chose.

LÉON.

Plus tard , mon ami.

CREPS.

Je vais donc remettre dans le panier...

LÉON, *fouillant dans ses poches.*

Puis-je compter sur toi ?

CREPS.

Monsieur...

LÉON.

Voilà un billet qui ne doit être remis qu'à Clara, qu'à elle seul

CREPS.

C'est dit.

LÉON.

Au plutôt.

CREPS.

Dans un moment... mais, monsieur, accordez-moi un grand ser-
ice.

LÉON.

Comment?

CREPS.

Prévenez le coup.

LÉON.

Quel coup?

CREPS.

Substantez-vous... v'là de quoi ! si le malheur vous en voulait...
ous auriez fait du moins un bon repas !

SCENE VI.

Les Mêmes LE GEOLIER.

LE GEOLIER.

Capitaine, de nouvelles visites.

LÉON.

Pour moi?... si c'était.. (à *Creps.*) fais diligence,

CREPS.

Soyez tranquille : au revoir, monsieur. (*au geolier.*) Ayez bien
in du capitaine.

LE GEOLIER.

Je n'ai pas besoin de ta recommandation à ce sujet.

LÉON.

Qui me demande?

LE GEOLIER.

Vous allez le savoir... (à *Creps.*) par ici ! par ici !

CREPS.

Capitaine, bonne santé.

SCENE VII.

LEON, *seul.*

Serait-ce le comte d'Umbertal !... sa fille adorée !... celle à qui je
avais oser prétendre, et que cet événement sinistre va m'enlever
amais l'espoir de posséder ! qui dût être le noble prix de mes
emiers exploits ! celle sans qui la gloire et la vie ne me sont plus
n ! c'est son image qui me conduisit au chemin de l'honneur ; je
   dois des lauriers que la fatalité flétrit sur mon front. (*Il tire son
rtrait de son sein.*) Voilà, voilà mon seul trésor ! les traits de la

candeur et de la vertu! voilà tout ce qui reste à Léon! Et c'
dans le séjour du crime que je le couvre de mes pleurs... Ah!
résistai à l'horreur d'une accusation, mais je succombe à tant (
maux! (*il tombe appuyé sur une colonne.*)

SCENE VIII.

LEON , *immobile et dans un morne accablement, sous la voût*
VALNER , *le chapeau sur les yeux ;* Trois Officiers Suédois (
la Compagnie de Léon ; FLIBERG, *au fond du théâtre ;* L
GEOLIER.

LE GEOLIER.

Oui , messieurs, vous êtes en règle ; vous pouvez entrer.

VALNER , *aux officiers.*

Mes braves amis, laissez-moi l'aborder le premier et seul; voi
présence inattendue pourrait nuire à notre projet. Vous paraîtr
à mon premier signal. (*au geolier.*) Où est-il?

LE GEOLIER.

La-bas, la-bas, le prisonnier. (*Il descend avec Valner jusq*
Léon.) Capitaine Léon ! capitaine...

LÉON , *agité.*

Qui m'appèle?

LE GEOLIER , *se retirant, en montrant Valner.*

Parlez à monsieur.

(Léon regarde : il apperçoit Valner ; étonnement. Le Geolier sort avec les O
ciers.)

VALNER.

Léon, mon aspect...

LÉON.

A lieu de me surprendre ! Le baron de Valner dans ma prisoi

VALNER.

J'en ai sollicité le droit.

LÉON.

Est-ce pour jouir de plus près de mon infortune

VALNER.

Je vous crois incapable de me supposer des sentimens pareil
je viens vous offrir des services pressans.

LÉON.

Je n'en puis accepter de vous.

VALNER.

Quelles raisons provoquent ce refus ?

LÉON.

Je dois les taire.

VALNER.

L'humanité m'ordonne de parler : je dois vous sauver ma
vnos.

LÉON.

Mon innocence me suffit !

VALNER.

La justice des hommes est si souvent aveugle ou trompée !

LÉON.

Venez-vous m'annoncer la mort ?

VALNER.

Non, je viens vous rendre à la vie.

LÉON.

Vous !

VALNER.

Moi-même ! le tribunal va s'assembler pour la dernière fois. Votre arrêt va se prononcer ; et je crains qu'il ne soit funeste. Les preuves sont accumulées contre vous ; elles sont positives, matérielles, évidentes ! Vous n'avez qu'une heure, qu'un instant pour vous soustraire à votre perte. Je vous en offre les moyens.

LÉON.

Quels sont-ils ?

VALNER.

Vos plus fidèles amis me secondent. Laissez-vous guider par eux et par moi ; ils sont-là : tout est prêt. Vous allez échapper à vos gardiens, à tous les yeux, à toute surveillance, par un prodige de conception, par l'adresse et le sacrifice de la courageuse amitié ; consentez à fuir de ce lieu.

LÉON.

Et vous croyez ces moyens...

VALNER.

Prompts et sûrs ; décidez-vous à l'instant.

LÉON.

Baron de Valner !... il est des scélérats dans ce même séjour où le plus effroyable événement m'a plongé. Allez leur offrir vos moyens. Celui qui fut assez atroce pour commettre un forfait, est assez lâche, est assez vil pour fuir et compromettre en fuyant, l'homme aveugle qui l'ose sauver : celui-là seul peut agréer vos secours. Mais proposer à Léon de Norveld, à moi, une évasion qui me fait présumer criminel, qui couvre mon nom d'un éternel opprobre, qui expose les jours d'autrui pour assurer les miens !... la mort, cent fois la mort, plutôt que tant d'ignominie !

VALNER.

Recourez donc aux bienfaits du souverain.

LÉON.

C'est au criminel à demander grâce ; un roi juste et clément l'accorde au coupable égaré, et la refuse à l'assassin. Vous qui exécutez les lois sous un tel prince, soyez digne d'en être l'organe !

VALNER.

Quand la fatalité accable l'innocent, il peut, sans scrupule et sans crainte...

Leon de Norveld.   D

LÉON.

Renoncer à la vie, jamais à l'honneur!

VALNER.

C'est au nom de cet honneur même qu'on veut vous arracher à l'échafaud.

LÉON.

Vous n'alarmerez ni ma vertu, ni mon courage. A cette proposition que j'étais loin d'attendre de vous, on dirait que vous êtes intéressé à ma fuite.

VALNER.

Malheureux! tu n'as plus que cet espoir, ou le dernier supplice t'attend.

LÉON.

C'en est trop! laissez-moi... sortez.

VALNER, *allant au fond du théâtre, aux Officiers.*

Paraissez, amis, paraissez... il veut périr.

SCENE IX.

Les Mêmes, OFFICIERS Suédois.

LÉON.

Que vois-je !

UN OFFICIER.

Mon capitaine!...

LÉON.

Arrêtez... je suis encore votre chef... je vous défends, à ce titre, toute proposition contraire à ma loyauté. Je suis ému de votre affection, en improuvant votre démarche.

L'OFFICIER.

Seigneur...

LÉON.

Ni sollicitations, ni instances, je vous en prie; je vous l'ordonne. Vous n'avez qu'un service à me rendre, c'est d'assurer les braves soldats qui viennent de se signaler sous mes ordres, que je suis toujours digne d'être à leur tête. Pardon, messieurs, mes camarades... j'ai besoin d'un moment de repos. Vous ne voulez pas interrompre la défense qu'il me faut préparer. Le moment approche... je veux être seul.

L'OFFICIER.

Nous obéissons... Adieu, capitaine.

VALNER.

Homme opiniâtre et cruel, subis ton sort.

(*Les officiers se retirent.*)

SCENE X.

LÉON, VALNER.

LÉON.

Vous l'avez entendu, monsieur; je demande à me recueillir.

SCENE XI.

VALNER, LÉON, CLARA.

VALNER, *à part.*

Clara vient en ces lieux ; puisse sa présence le déterminer à fuir.

CLARA, *dans le désordre de la douleur, courant avec effroi.*
Léon... mon cher Léon !

LÉON.

O ciel! Clara !

CLARA, *se précipitant dans ses bras.*
Malheureux ami!... j'expire d'effroi !

LÉON.

Je vous revois encore!.. Ne craignez rien pour moi, rassurez-vous;
je n'ai rien à redouter.

CLARA.

Puis-je le croire et l'espérer ?

LÉON.

Oui, ma chère Clara, le ciel est pour nous.

CLARA.

O justice éternelle, veille sur Léon et sur moi!

VALNER, *approchant.*

Madame...

CLARA.

Valner ici !

VALNER.

Unissez-vous à mes efforts. Le succès en est assuré.

CLARA, *embarrassée.*

Le succès !

LÉON.

Oui, le calme de mon cœur en est le garant (*bas à Valner.*)
Eh! de grâce, monsieur, c'est une barbarie... Eloignez-vous : ne
soyez point jaloux du moins de cette dernière faveur.

VALNER.

Vous insultez à mes bienfaits. (*On entend un rappel lugubre.*)

CLARA.

Qu'entends-je !

SCENE XII.

Les Mêmes, LE GEOLIER.

LE GEOLIER.

L'ouverture du tribunal... Vous n'avez plus que trois minutes:
on va chercher le capitaine.

CLARA.

Je frissonne !

LÉON, *bas à Valner.*
Votre ministère vous appelle, monsieur.

CLARA, *au Baron.*

Votre équité nous est bien connue.

VALNER.

L'ingratitude ni la haîne ne pourront jamais l'altérer. (*Il sort.*)

SCENE XIII.

CLARA, LÉON.

CLARA.

Quels discours !

LÉON.

Soyez sans terreur... Ses prétentions s'élevaient jusqu'à vous.

CLARA.

Léon n'a point de rival.

LÉON.

Je n'ignore pas ses projets... Mais quand la loi me permettrait de le récuser pour mon juge, je n'en voudrais point profiter. Ma confiance est dans ma cause.

CLARA.

Je crois en la bonté céleste. Rends-moi l'espérance et la vie, mon cher Léon. Mon père alarmé, confondu, depuis la sinistre nouvelle, agit, court, sollicite pour ce que j'ai de plus cher au monde ; il s'est rendu deux fois chez le Chancelier. Nous allons être instruits de ses démarches : il me suit ; je précède ses pas. Son crédit, son nom, ta vertu, seront ton appui : il semble qu'il défend sa fille dans toi ; son honneur outragé, dans le tien. Il va percer l'horrible mystère qui couvre tant d'iniquités.

LÉON, *la pressant encore dans ses bras.*

O noble et courageuse amie ! tu me ferais presque rendre grâce au destin, du coup affreux qu'il m'a porté, par le dévouement qu'il t'inspire !

CLARA.

Eh ! n'est-ce pas moi qu'il a frappée, en accablant tout ce que j'aime ?... J'entends ouvrir !

LE GEOLIER, *annonçant.*

M. le Comte.

CLARA.

C'est mon père !... il vient me rendre mon époux !

SCENE XIV.

LE COMTE, CLARA, LÉON, une des Femmes de Clara.

CLARA.

Mon père !... eh bien ?

LE COMTE.

Léon !

LÉON.

Mon bienfaiteur! en quel lieu faut-il vous revoir!

LE COMTE, *regardant Léon.*

Malheureux!

CLARA, *à son père.*

Parlez ; dissipez ou comblez nos alarmes. Le meurtrier est-il connu? l'innocent va-t-il triompher?... Vous détournez les yeux!

LE COMTE.

Il faut que je l'entretienne seul un moment,.... éloigne-toi, ma fille.... Accompagnez Clara.

CLARA.

M'éloigner!.... pourquoi?.... qu'avez-vous à craindre de ma présence?... vous ne répondez point!... ô mon père! faut-il expirer à vos yeux?

LÉON, *à part.*

Ses larmes coulent dans mon cœur.

CLARA.

Votre silence me fait trembler!... Quel est le résultat de vos démarches? parlez, parlez au nom du ciel! le cœur de Léon est le mien.... quel que soit le sort qui l'attend, la fille du comte d'Umbertal aura la force de vous entendre.

LE COMTE, *avec effort.*

Laissez-nous un instant, ma fille, je vous l'ordonne.

CLARA.

J'obéis, mon père... (*mettant la main sur son cœur.*) tout mon sang s'est glacé! (*elle se retire lentement et avec effroi. Le Comte se croit seul avec Léon, et le fixe avec inquiétude ?*)

LÉON.

Comte, n'hésitez point, que venez-vous m'apprendre? quelle doit être ma destinée?

LE COMTE.

Je crains trop justement qu'elle ne soit terrible.

LÉON.

Expliquez-vous. Il est vrai que toutes les apparences m'accablent.

LE COMTE.

Léon! je fus votre ami,... je veux l'être encore ; mais, à ce titre, j'attends de vous la vérité toute entière, quelque affreuse qu'elle puisse être.

LÉON.

Ah! je tremble de vous comprendre!... Quoi! vous soupçonneriez Léon....

LE COMTE.

Ce ne sont plus des soupçons, des doutes ; ce sont des preuves évidentes qui me font frémir sur ton sort.

LÉON.

Vous me croiriez coupable, vous!

LE COMTE.

Je crois aux transports de la haine, aux funestes effets de la

vengeance... Le comte Adolphe , frappé du coup mortel, fut
ennemi ; tu fus le sien. Votre rivalité, vos débats à Nelfort, vo
duel connu du public avant ton départ pour l'armée...

LÉON.

Me feraient croire aujourd'hui par vous coupable d'un assassina

LE COMTE.

Ecoutez, écoutez jusqu'au bout. Ces présomptions fatales n
sont encore rien auprès des nombreuses dépositions qui vous ac
cusent. Six témoins oculaires vous nomment l'auteur du meurtre.
Ils vous ont vu frapper votre victime....

LÉON.

Eternelle justice!

LE COMTE.

Ils vous ont vu sur le corps du Comte expirant, armé du fe
qui l'a percé, portant les derniers coups sur son sein...

LÉON.

C'en est trop!... c'en est trop!... arrêtez!

LE COMTE.

On vous a trouvé, saisi, avec l'instrument meurtrier... l
cavaliers de Volna vous l'ont arraché des mains avec peine. D
experts nommés par vos juges, constatent que c'est avec ce fe
encore ensanglanté que trois blessures ont été faites.

LÉON.

Eh! c'est vous comte d'Umbertal!.. tout mon cœur se déchir

LE COMTE.

Qu'il s'ouvre tout entier à moi, Léon! un sinistre ressentime
a-t-il pu diriger ton bras?.. ne me cache rien... tu trembl
de me répondre?

LÉON.

Moi! moi! réduit à l'opprobre de me justifier d'un forfa
à quel excès d'ignominie m'abaisse la fatalité!

LE COMTE.

Parle, parle à ton vieil ami, sans égarement et sans crain

LÉON.

Je n'ai jamais connu l'effroi. Ma vie et mon honneur
purs... et l'on m'acable d'infamie!

LE COMTE.

Léon!

LÉON.

Laissez-moi, laissez-moi périr.... j'ai pour moi le ciel
mon cœur.

LE COMTE.

Achève de me rassurer, de me consoler... mon cher Lé
dis-moi par quel effroyable accident....

LÉON.

Que puis-je, que dois-je ajouter à l'écrit que je vous ai
parvenir? je suis flétri, sacrifié, pour avoir rempli mon der
pour avoir servi l'humanité, pour avoir secouru le malheu
Adolphe dont on me nomme le meurtrier. J'ai cru pouvoi

ndre à la vie. Je lui prodiguais tous mes soins. Le fer, le
même fer qu'avait oublié l'homicide, me servait à fendre à
la hâte une partie de ses vêtemens et des miens, pour cou-
rir ses blessures, pour étancher son sang dont j'étais tout
ouvert, quand des hommes armés fondirent sur moi, m'enchaî-
èrent comme un lâche et vil assassin.

LE COMTE.

O désastre inoui !.. la vérité parle, elle m'éclaire dans tous ses
traits !.. infortuné Léon, il te reste un ami.

LÉON, *se couvrant le visage.*

Je n'en ai plus... vous m'avez soupçonné.

LE COMTE.

Viens dans mes bras... pardonne à ton père; il est plus à plaindre
que toi !

<h2 align="center">SCENE XV.</h2>

Les Mêmes, CLARA, les Gardes *du palais qui viennent chercher
le Prisonnier*, LE GEOLIER.

CLARA, *éplorée, accourant.*

Quel bruit !.. quel appareil !.. des gardes !

<h2 align="center">SCENE XV.</h2>

Les Précédens, LE GEOLIER.

L'OFFICIER, *d'une voix forte.*

Léon de Norveld.

LÉON.

Me voilà.

CLARA, *avec un cri.*

Léon !

LE COMTE, *à Clara.*

Point d'allarmes !

CLARA.

Ah ! soyez son soutien, son défenseur ; il n'a plus que vous !
(*s'élançant des bras de son père, vers lui.*) Mon cher Léon !

LÉON, *au Comte.*

Veillez sur les jours de Clara ! éloignez-là de ce spectacle.

LE COMTE, *à Léon.*

Va, porte au tribunal l'assurance de la vertu !

LÉON.

Oui, j'y vais reparaître, plus affermi que les arbitres de mon
sort. (*à Clara.*) Adieu, pour peu d'instans... adieu.

CLARA.

Léon ! ô malheureux Léon !.. Ciel ! on l'arrache de nos bras !
(*Tableau; Léon est entraîné... marche lugubre; Clara, les yeux et les mains
vers le ciel, est presque à genoux; son père la soutient; le géolier, dans le
fond, donne des marques d'affliction; les Gardes et Léon disparaissent.*)

<h2 align="center">Fin du second Acte.</h2>

ACTE III.

Le théâtre represente une grande place publique, le palais du premier Tribunal de Stockolm au fond ; la façade d'une prison sur le côté, à la gauche du spectateur ; un corps-de-garde à sa droite.

(La nuit d'abord ; le jour parait ensuite progressivement.)

SCENE PREMIERE.

UN OFFICIER commandant du Poste, Soldats *en faction au Palais de Justice, au corps-de-garde et à la maison d'arrêt ; deux Sentinelles, allant et venant du fond du théâtre au bord des rampes. Marche d'Aucassin et Nicolette.*

(Pendant la marche, ils se parlent à la hâte toutes les fois qu'ils se rapprochent, et se détournent au plus vite quand ils craignent d'être entendus ou apperçus par l'Officier, qui paraît par intervalles.)

1re. SENTINELLE.

Le conseil extraordinaire a été assemblé toute la nuit ?

2e. SENTINELLE.

Oui, j'y étais de garde.

1re. SENTINELLE.

Les débats ont été bruyans !

2e. SENTINELLE.

Je t'en réponds.

1re. SENTINELLE.

Léon de Norveld...

2e. SENTINELLE.

Est dans un danger éminent.

1re. SENTINELLE.

Accusé d'un assassinat !

2e. SENTINELLE.

Commis sur un favori du roi, sur le comte Adolphe !

UN OFFICIER, *achevant sa ronde d'observation et s'adressant à tous les postes.*

Que l'ordre et le silence soient observés ! qu'aucun étranger n'approche ni de la salle du conseil, ni de la maison d'arrêt.

(*Il rentre au corps-de-garde.*)

1re. SENTINELLE.

(*Ici on reprend la marche.*)

La sentence va être rendue.

2e. SENTINELLE.

Elle l'est sans doute.

Ire. SENTINELLE.

J'ai peine à croire ce brave capitaine coupable.

2e. SENTINELLE.

Que de preuves contre lui... quand ce ne serait que sa dernière querelle.

Ire. SENTINELLE.

Il aura peut-être sa grâce ?

2è. SENTINELLE.

Non... non... le roi fait une trop grande perte; ce meurtre l'a indigné !

SCENE II.

Les Mêmes, FLIBERG, *à pas lents ; ensuite* LE COMTE D'UMBERTAL, *enveloppé de son manteau.*

Ire. SENTINELLE.

Qui vive !

FLIBERG.

Agent du baron de Valner, l'un des juges du tribunal.

2e. SENTINELLE, *à Fliberg.*

Alte-là !

FLIBERG.

C'est par son ordre.

Ire. SENTINELLE.

On n'entre point.

FLIBERG

J'ai des papiers à lui remettre, et monsieur est mandé par lui.
(*Il désigne le Comte.*)

Ire. SENTINELLE.

N'importe : attendez la sortie.

LE COMTE.

Il serait trop tard.

2e. SENTINELLE.

C'est l'ordre.

LE COMTE.

Je veux parler au chef du poste.

Ire. SENTINELLE.

A la bonne heure. (*Il appelle.*) Mon lieutenant !... le voici.

SCENE III.

Les Mêmes, MINDEL.

MINDEL.

Que me veut-on ?

LE COMTE.

Pourrai-je, par vos soins, monsieur, dire un seul mot au baron de Valner?

Léon de Norveld.   E

MINDEL.

Non, sans doute ; il siége en ce moment.

LE COMTE.

Que je puisse donc lui faire parvenir un avis qu'il attend.

MINDEL.

Encore moins… ignorez-vous les ordonnances ?

FLIBERG.

C'est ce que j'ai eu l'honneur de faire observer à monsieur.

MINDEL, *au Comte.*

Quel est cet avis pressant ?… avant le jour sur cette place !… Qui êtes vous ?..

LE COMTE, *ouvrant son manteau.*

Le Comte d'Umbertal ! prévenez seulement, je vous prie…

MINDEL.

J'en demande pardon à votre excellence ; je ne le puis, j'enfreindrais mon devoir.

LE COMTE.

C'est ce que je ne prétends pas.

MINDEL.

Veuillez attendre quelques instans , la séance va bientôt finir.

LE COMTE.

Elle a été orageuse, m'a-t-on dit ?

MINDEL.

Oui, monsieur le Comte; le Chancellier a été forcé d'y venir lui-même interposer son autorité.

FLIBERG, *à part.*

Qu'entends-je ! le Baron de Valner veut donc se perdre !

LE COMTE, *à Mindel.*

Comment , le Chancellier !…

MINDEL.

Y a paru au nom du Roi, pour rétablir l'ordre, violé pour la première fois dans ce tribunal redoutable.

FLIBERG, *à part.*

Je crains tout !

LE COMTE, *à Mindel.*

Achevez de m'instruire.

MINDEL.

Jamais trouble ne fut plus grand. Coutumes, usages reçus , formalités consacrées, rien n'a pu empêcher le baron de Valner, qui présidait le tribunal, d'émettre son vœu contre l'ordre, d'influencer, de préjuger et d'interrompre à chaque instant les débats dans un égarement inconcevable.

FLIBERG , *à part*

Il veut m'entraîner avec lui dans l'abyme!

LE COMTE , *plus qu'étonné.*

Quels étaient ses discours ?… que me dites-vous ?

MINDEL.

Ce dont je devrais m'abstenir de vous faire part; mais c'est au Comte d'Umbertal que j'ai l'honneur de parler... le conseil va se séparer, l'arrêt est prononcé... sans doute. (*Roulement de tambour.*)

LE COMTE, *agité.*

Quel est-il?... attendons!

MINDEL, *remonte la scène et observe.*

On ouvre!... le Chancellier va rentrer dans son palais.

(On le voit sortir suivi de ses gens. Un nouveau ban est battu.)

SCENE IV.

Les Mêmes, JUGES *sortant par la grande porte du tribunal et disparaissant des deux côtés du fond du théâtre.*

FLIBERG, *à part, inquiet et en observation.*

Valner ne paraît point!

MINDEL, *redescendant auprès du Comte.*

Le rapporteur criminel s'éloigne avec précipitation.

LE COMTE, *à l'Officier et avec effroi.*

La sentence...

MINDEL, *regardant toujours.*

Nous allons l'apprendre. Il court au palais du Roi, que le meurtre du comte son favori a pénétré de douleur et d'indignation... malheur à l'assassin! ce tribunal est sans appel : l'exécution suit toujours l'arrêt.

LE COMTE, *appercevant le Baron.*

Valner!... il vient à nous.

FLIBERG, *à part.*

Toujours égaré !

SCENE V.

Les Mêmes, VALNER.

VALNER, *courant au Comte, avec terreur.*

D'Umbertal !... c'en est fait !

LE COMTE.

Que nous annonce ce délire ?

VALNER.

La mort !... la mort !... le malheureux est condamné !

LE COMTE.

Condamné !

VALNER.

Non par moi... non par moi! j'ai protesté, je proteste encore contre ce jugement.

FLIBERG , *bas* , à *Valner.*

Seigneur, ne vous compromettez pas.

VALNER.

Ote-toi de mes yeux, agent infernal ! éloigne-toi !... Comte, vous me fuyez ?

LE COMTE.

Il me reste un espoir !...

VALNER.

A moi le remords et l'opprobre !

LE COMTE , *surpris.*

A quel sujet ? pourquoi ?

FLIBERG , *bas* , à *Valner.*

Calmez-vous.

VALNER , à *Fliberg.*

Donne-moi donc ton cœur d'airain !... on dresse l'échafaud , et l'innocent y va monter ! son sang va retomber sur nous.

FLIBERG , *bas* , à *Valner.*

De grâce, monsieur le Baron... au nom de votre sûreté !...

VALNER.

Et c'est moi qu'un fatal ministère charge aujourd'hui de la publication de l'arrêt, en présence de la victime !

LE COMTE.

Expliquez-moi la cause de ces transports.

VALNER.

Que me demandez-vous ?... elle est aussi juste qu'horrible !

SCENE VI.

Les Mêmes, CREPS, *accourant.*

CREPS.

Not' bon maître ; monseigneur ! vos ordres, nos précautions, rien n'a pu retenir Mlle. Clara ; elle a disparu à la première nouvelle du jugement. Elle court, se désole, s'arrache les cheveux ; je la poursuis comme un désespéré, depuis une heure. Elle vous cherche, pousse des cris, appèle Léon : elle est capable de se périr !

LE COMTE.

O ciel !

VALNER.

Que de victimes en un jour !

LE COMTE.

Où ? dans quel lieu ?

CREPS , *l'appercevant.*

Madame votre sœur la ramène heureusement... Elle vient par ici ; queu bonheur !

FLIBERG , *au baron.*

Retirons-nous.

VALNER.

Non, non, je reste; et tu ne me quitteras point. Ton supplice et mien commencent.

CLARA.

Je la vois!... je la vois!

SCENE VII.

Les Mêmes, CLARA, Mad. DURBECK, *criant dans la*

MAD. DURBECK.

Clara, écoutez-moi... Clara!

CLARA, *se débarrassant de ses bras.*

Laissez-moi, laissez-moi, vous dis-je! ô mon père! il est conlamné!

MAD. DURBECK.

Fille imprudente!... à quel excès...

CLARA.

Il va périr!... je veux le voir encore!... mon père! il va périr, et vous n'êtes point aux pieds du monarque?

LE COMTE.

Je viens de le tenter en vain.

MAD. DURBECK.

M. le Comte, vous vous exposez...

CLARA.

C'était là mon dernier refuge!

MAD. DURBECK.

Il est impassible et sévère comme la loi, quand il s'agit d'un homicide.

CLARA.

Léon ne l'a point commis: c'est son humanité, son cœur, son dévouement, qui l'ont entraîné... Léon! soupçonné capable d'un crime!

VALNER.

Non, madame... et tout l'en accuse! et il en est convaincu par les hommes... (*montrant le ciel*) et le Juge suprême se tait!

MAD. DURBECK, *au Comte.*

Il voulait le sauver!

CLARA.

Il est sur le bord de l'abîme!

VALNER.

Je veux le fermer sous ses pas, je le dois à moi-même, à vous, à l'humanité. Je vais tenter un dernier effort; je vais... O ciel! guide mes pas. (*à Fliberg, qu'il entraîne avec lui.*) Suis-moi, malheureux, suis-moi... suis-moi, te dis-je!

SCENE VIII.

LE COMTE, CLARA, CREPS.

CLARA.

Quel est ce mystère ?

LE COMTE.

Je m'efforce en vain de le pénétrer.

CREPS, *suivant Valner des yeux.*

Ah ! comme il court ! comme il court !

mad. DURBEK, *observant de même.*

Il est à la porte du Chancelier.

LE COMTE.

S'il n'a que ce moyen...

CLARA.

Quel est son projet ?

LE COMTE , *la tirant à l'écart.*

Voici le mien. Ecoute-moi, ma fille.

CREPS, *jouant la pantomime du Baron.*

Il y est encore : il gesticule, il frappe comme un possédé !.. ah !
on lui ouvre enfin... le v'là entré.

mad. DURBEK , *au Comte.*

Mon frère, voilà ce qui s'appelle se sacrifier pour ses amis.

LE COMTE , *à Clara.*

Retournez en paix ; laissez-moi la faculté d'agir.

mad. DURBEK.

Oui, ma nièce, retirons-nous.

LE COMTE , *à sa fille.*

Je vais...

CLARA.

Il ne sera plus tems. Votre pitié vous abuse ou me trompe. Ah !
ne me privez pas de la dernière consolation que j'implore.

mad. DURBEK , *à Clara.*

Rentrons. La fille du comte d'Umbertal doit-elle...-

LE COMTE.

Redoute le danger d'un retard funeste. Veux-tu faire évanouir
tout espoir ?

CLARA.

Non, non... j'obéis... Mais songez que les momens...

mad. DURBECK.

Quel bruit ?

CLARA.

Ah dieu !

LE COMTE , *cachant son effroi.*

Allons, ma chère Clara. (*à sa sœur.*) Ne la quittez plus.

mad. DURBEK.

Soyez-en bien certain.

CREPS.

N'ayez point de crainte , j'en réponds.

CLARA , *à son père, qu'elle tient embrassé.*

Hâtez-vous, hâtez-vous, de grâce. (*Fixant la prison.*) Léon est là ! ô mon père !

LE COMTE , *à Clara.*

Conduisez-là, ma sœur.

CLARA , *les mains et les yeux vers le ciel.*

Justice divine, éclaire aujourd'hui celle des hommes !

mad. DURBEK , *l'entraînant.*

Venez, ma fille.

SCÈNE IX.

LE COMTE , *sur le devant de la scène, MINDEL , s'approchant de lui. La foule se grossit par degrés, au fond du théâtre, en le traversant.* Soldats , *ensuite* Archers ; *et rentrée du* Rapporteur criminel *dans le palais.*

LE COMTE , *dans la plus vive agitation.*

Serait-ce le moment fatal ?.. tout paraît l'annoncer. Quel tableau !.. ma fille allait en être accablée.

MINDEL.

Monsieur le Comte, éloignez-vous de ce spectacle douloureux.

LE COMTE.

Quoi ! déjà ?.. Ciel vengeur !.. Je vois couler vos larmes !

MINDEL.

Eh ! qui n'en répandrait pas sur cette héroïque victime? J'étais au moment redoutable, où son arrêt allait se prononcer. Noble et calme comme la vertu , il a levé les yeux vers le ciel, les a fixés ensuite sur le tribunal, dont il semblait déplorer l'erreur et pressentir la funeste sentence : on eut dit qu'il plaignait ses juges. Ses regards, la sérénité de son front , rendaient ce tableau déchirant.

LE COMTE , *se couvrant les yeux.*

Ah ! c'en est trop... vous me percez le cœur ! Quoi ! déjà les apprêts du supplice.

MINDEL.

J'ai vu l'instant où le chef de la justice allait ordonner de le suspendre , pour entendre une révélation importante du baron de Valner.

LE COMTE , *sortant de son accablement.*

Une révélation, dites-vous ?

MINDEL.

Oui, seigneur, ce juge la promet à l'autorité suprême.

LE COMTE, *agité.*

Où est Valner?.. Est-il encore chez le Chancelier ?

MINDEL.

J'en doute.

LE COMTE, *sortant brusquement.*

Juste ciel !

SCÈNE X.

Les Mêmes, excepté LE COMTE.

(*Les archers entrent dans la prison. Les chefs disposent les sold*
et les gardes du palais en deux rangs, pour attendre et condu
Léon à la mort.)

MINDEL, *commandant.*

Armes, etc.

SCENE XI.

Les Mêmes, LÉON, *entre les fusilliers.*

LÉON, *au peuple, d'une voix assurée.*

Suédois, vous éprouvez un sentiment bien pénible. Ne vous (
tristez pas sur moi : je n'ai point dégradé ma vie , je fus toujo
digne de vous. C'est l'aveugle fatalité qui me conduit seule au su
plice; mon nom n'en sera point souillé. Déplorez, non pas m
destin, mais la funeste erreur qui l'ordonne, et le crime qui
mérité. (*à Mindel.*) Approchez-vous encore une fois de vo
ami ; j'entends votre silence : vous m'avez conservé votre estime

MINDEL, *attendri.*

Infortuné Léon !

LÉON,

Cachez-moi vos regrets, gardez ma mémoire. Mon cœur (
pur. Je vais à l'échafaud sans pâlir.

UN OFFICIER , *dans le fond.*

Le baron de Valner.

LÉON.

Ah ! voici l'instant le plus horrible ! On vient promulguer m
arrêt. (*Mindel donne le signal de continuer la marche. Léon (*
conduit au milieu d'eux.)

SCENE XII.

Les Précédens, Gardes *à leurs postes respectifs, et* leur Commandan

LE COMMANDANT.

Doublez vos rangs ; entourez, fermez cette enceinte.

SCENE XIII.

Les Mêmes, **VALNER**, *perçant les rangs*, **FLIBERG**, *alarmé,
le suivant.*

FLIBERG.

Qu'allez-vous faire, seigneur ?

VALNER, *la sentence à la main.*

Mon devoir. Reste à mes côtés. Peuple, soldats, je viens remplir un redoutable ministère : voici la sentence du tribunal. Sa
sévère justice est du moins à l'abri de tout remords : s'il a condamné
les coupables, c'est sur les preuves du forfait, sur l'aveu même du
criminel.

LÉON.

Juge, vous prônez la loi ; je n'ai rien avoué, pourquoi faire
mentir l'innocent condamné ?

VALNER.

. C'est un ordre émané du trône, qui commande ici le silence...
C'est par la Cour suprême qu'il m'est ordonné de prononcer publi-
quement cet arrêt. Capitaine, n'élevez point la voix avant de l'avoir
entendu.

« Au nom du Souverain,

» Le Conseil extraordinaire assemblé, convaincu par l'évidence
» des faits et par la bouche même du coupable, que l'assassinat d'A-
» dolphe est un acte de sa vengeance, qu'il a conseillé le meurtre,
» et que son complice l'a exécuté, condamne à la mort Jules-Fré-
» déric, Baron de Valner, et Charles Fliberg, son infâme agent.»

(*Etonnement général*)

LÉON.

Qu'entends-je ?

FLIBERG, *reculant.*

C'en est fait !

VALNER, *saisissant Fliberg d'un bras ferme.*

Emparez-vous des assassins. (*Il frappe sur son sein.*) brisez
les fers de l'innocent...c'est nous seuls qu'il faut en charger. (*on
ôte les chaînes de Léon.*)

LÉON,

O providence !

SCENE XIV.

Les Mêmes, LE COMTE D'UMBERTAL, *suivi de ses gens un
moment après,* CLARA e. Mad. DURBEK.

LE COMTE, *accourant.*

Au nom du Roi !... Léon de Norveld est justifié.

Léon de Norveld.   F

CLARA, *avec énergie.*

Il nous est rendu !

VALNER, *dans le plus grand désordre.*

Oui, la justice est éclairée; déja couvert d'un premier crime, je viens de prévenir un désastre nouveau en inscrivant sur cet arrêt, au lieu du nom de la victime, celui du vrai coupable: le mien!... après avoir souillé ma vie je sauve du moins l'innocent. qu'il vive heureux, et que la mort anéantisse ma mémoire.

LE COMTE, *désignant Valner et Fliberg.*

Faites éloigner les coupables; le Roi prononcera sur leur sort.
(*On les entraine.*)

SCENE XV.

Les Mêmes, *excepté* VALNER et FLIBERG.

LÉON, à CLARA.

Je vous presse encore dans mes bras.

LE COMTE.

Viens mon fils, aux pieds du monarque; il veut réparer tes malheurs, ses bienfaits t'attendent.

LÉON.

Celui que je vais implorer est la grâce de Valner; son repentir et ses aveux le rendent digne de sa clémence.

CLARA.

O noble et généreux Léon.

LÉON.

Braves amis!... je pourrai donc servir encore avec vous le meilleur des Rois!

LE COMTE.

Après tant de revers affreux!

CLARA.

Oh! perdons-en le souvenir.

LÉON.

Oui, à jamais... C'est pour l'honneur et pour l'amour que Léon enaît à la vie.

FIN.